Lb 40
3079

VIVRE LIBRE OU MOURIR.

ÉLOGE FUNÈBRE

D'HONORÉ MIRABEAU,

Prononcé par *M. J. B. Rouziés*, Président de la Société des Amis de la Constitution de Ville-franche-d'Aveiron, en présence de ses Frères, le 13 avril 1791.

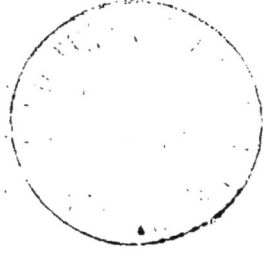

A TOULOUSE,

Chez la Ve. RESPLANDY, Libraire, près la Place Royale.

1791.

EXTRAIT DU REGISTRE
des Amis de la Constitution de Villefranche-d'Aveiron, du samedi 9 avril 1791.

M. le Président a lu un discours sur le malheur dont on avoit été informé la veille. Plusieurs motions ont été faites à cette occasion. Sur quoi, l'assemblée délibérant, a arrêté que ce discours sera lu par M. le Président, dans une séance publique, le mercredi 13 du courant, après une messe, célébrée en l'honneur de MIRABEAU; a arrêté de plus l'impression, l'envoi aux Sociétés affiliées, &c.

J. B. ROUZIÉS, Président.

DISSEZ, Prêtre,
LORTAL, Doctrinaire, } Secrétaires.

ÉLOGE FUNÈBRE
D'HONORÉ MIRABEAU.

Amis de la Constitution,

Il est mort celui qui l'avoit créée par son génie & qui la protégeoit par son éloquence. Soldats de la liberté, le plus fier de vos athlètes, le plus illustre de vos frères d'armes, Mirabeau n'est plus! Vous connoissez les circonstances de ce déplorable événement; chacun de nous a déjà payé son tribut d'admiration & de larmes à la mémoire de ce grand homme. Mais ces hommages individuels ne suffisent pas à nos regrets. Suspendons un moment nos travaux civiques. Que chacun de nous épanche ses pleurs dans le sein de ses frères; soyons unis dans notre affliction, comme nous le serons toujours dans le bonheur, dans le péril de la patrie. Nos regrets ont besoin d'être accompagnés d'un sentiment énergique de confiance & d'affection parmi les amis du peuple, pour être dignes de flatter les mânes de celui qui en fut l'invincible tribun.

Que ne puis-je, messieurs, emprunter le noble & douloureux accent de celui qui annonçoit n'agueres le retour de Francklin à la divinité! alors mes discours auroient la profondeur & la dignité de vos regrets. Mais en m'élevant à la place qui m'impose le glorieux devoir d'être votre organe, vous m'avez promis sans doute beaucoup d'indulgence. Oh! s'il suffisoit d'avoir admiré, d'avoir adoré le génie de Mirabeau, j'ose le dire, je ne serois pas au-dessous de ma tâche. Mais comment ma jeunesse pourroit-elle vous dévoiler cet ensemble de talens, ce caractère prodigieux qui l'élève au premier rang dans plus d'une carrière? Mille fois son éloquence m'a ému jusqu'au délire. Hier la consternation glaça toutes mes facultés, & j'éprouve aujourd'hui que lorsqu'on s'est épuisé à sentir, il ne reste plus de force pour l'expression.

Amis de la constitution, ce n'est pas vous qui exigerez de moi une oraison funèbre digne du citoyen que nous pleurons; vos ames républicaines m'ont instruit à préférer la noble ambition de bien faire, au méprisable orgueil de bien dire. Si j'étois né au milieu d'une nation dégénérée & souillée de tous les forfaits du despotisme; si j'avois vécu dans ces siècles de proscription où Phalaris, Sylla, Louis XI, & tant d'autres démophages ravageoient le monde; si j'avois été contemporain des Sidney & des Barnevelt, ces illustres victimes du pouvoir arbitraire, dans le sang desquelles on étouffa en Angleterre & en Hollande les derniers germes de l'indépendance, j'aurois percé la foule stupide qui assistoit à ces affreux spectacles; je me serois élevé sur l'échafaud où ces grands hommes mouroient dans le désespoir, & embrassant leurs restes infortunés: Peuple, me serois-je écrié, jusques à quand souffriras-tu des maîtres & des bourreaux? Le sang de tes défenseurs demeurera-t-il toujours sans vengeace?.... Ce mémorable dévouement à la chose publique, ma tête abattue sous le fer du despote, mes bras tendus & donnant sur l'échafaud le signal de l'insurrection à un peuple écrasé.... Voilà les mouvemens, voilà l'éloquence digne par ses grands effets d'une ame brûlante pour la liberté ; car c'est toujours le sang de quelque ami du peuple qui emmene les révolutions.

Mais aujourd'hui il ne m'est ni aussi aisé ni aussi nécessaire d'être éloquent. Les fléaux politiques que je viens de vous décrire sont déjà loin de nous, & ils sont bannis à jamais par nos sermens qui ne feront point vains. La France a une constitution ; les amis de la liberté sont en paix ; ceux-là seuls tremblent qui en sont les lâches détracteurs ; c'est dans ces conjonctures que vous perdez votre tribun. Je n'ai pas besoin d'émouvoir vos ames ; toutes sont à l'unisson de la mienne. Que si ma sensibilité embarrassoit ma pensée ou étouffoit ma voix, vos sanglots diront ce que je n'ai pu exprimer pour l'avoir trop bien senti ; & c'est au silence des larmes que nous devons un éloge funèbre digne de Mirabeau.

Les savans, les artistes, & la cour & le peuple, tous à l'envi, ont couronné de fleurs sa tombe encore entr'ouverte ; mais c'est aux amis de la constitution, à ces sociétés qu'il nommoit les sentinelles de la liberté, & dont sa politique conçut la première idée ; c'est dans cette enceinte qui ne fut jamais souillée, ni des cris sinistres de l'égoïsme, ni des noirceurs de la faction, que nous célébrerons dignement sa mort & son apothéose dans le temple de la liberté.

B

Je ne vous parlerai, meſſieurs, ni de ſon courage ni de ſes talens; ce ſeroit riſquer d'affoiblir vos ſouvenirs. Du fond des gouffres de Vincennes, ſa voix tonnante ébranla d'abord, & les fondemens des cachots du deſpote, & le trône du haut duquel partoient les proſcriptions. Échappé aux fers, il quitte la France & s'en va en Pruſſe. Né pour la grande philoſophie, par-tout il obſerve les hommes; bientôt il devine l'ame de Frédéric; il calcule les forces de ce peuple automate, inſtrument de ſes victoires & de ſes uſurpations. Sa *Monarchie Pruſ-ſienne* dévoile à l'Europe l'artificieux ſyſtême de cette puiſſance, qui, ſuivant ſa belle expreſſion, eſt *la clef de la voûte du Nord.*

La Hollande étoit impatiente d'un joug devenu inſupportable; on commençoit à y parler de révolution; Mirabeau y vole; il écrit, il harangue, il promet l'indépendance; mais ſa politique qui avoit pénétré le ſecret de la ligue Anglo-Pruſſienne, n'avoit pas calculé la honteuſe lâcheté de ſa patrie. Le gouvernail de notre empire, la diſtribution des forces extérieures étoit confiée alors à un prêtre, à un archevêque. Plus occupé d'aſſouvir des reſſentimens individuels, que de relever la dignité nationale, il bouleverſe le royaume; il aſſiége ces corps antiques de magiſtrature dont l'inſolence l'avoit bleſſé, au lieu d'aſſiéger l'armée qui bientôt après inonde, envahit Amſterdam, il achève d'avilir la majeſté du trône françois; il abandonne lâchement nos alliés les plus utiles, nos alliés les plus fidelles; il devient cardinal, & la Hollande redevient eſclave. Mirabeau déplore la honte de ſa patrie & l'infortune des Bataves. Dans sa louable indignation, il leur fait une adresse qui échauffe les ressentimens, ranime les espérances abattues, & à travers les chaînes du Stathouderat, leur montre le chemin de la liberté. Depuis cette mémorable époque, cette nation généreuse n'a cessé de s'indigner contre l'oppression. Si jamais l'influence de la Prusse & de l'Angleterre devient moins puissante ; si jamais, tranquille au-dedans, la France veut seconder un parti redoutable, & rétablir l'équilibre de la balance politique, les Hollandois seront bientôt libres ; ils deviendront peut-être françois ; & c'est à Mirabeau que nous le devrons.

Devenu enfin notre représentant, il cita au tribunal de l'opinion qu'il avoit créé d'avance, le monarque au nom duquel on bloquoit la capitale & le corps législatif. Cette adresse immortelle, dont la couleur orageuse peint avec tant d'énergie la catastrophe qu'elle précipitoit, fut le tocsin de l'insurrection nationale ; l'ancien édifice fut détruit presque de sa main ; & nous l'avons vu le premier de tous dans la construction de celui qui lui a succédé. Jusqu'à son dernier soupir il l'a défendu avec un égal succès des attaques intérieures, & des astucieuses machinations du dehors. Il lui restoit une immense carrière à remplir ; mais il n'est plus.

Son agonie fut le signal de la consternation générale ; une multitude innombrable, morne & silencieuse, circuloit nuit & jour dans le quartier qu'il habitoit, pour recueillir des espérances ; & lorsqu'elles furent évanouies, tout Paris offrit les marques les plus lugubres du désespoir. Et comme si l'affliction publique avoit eu befoin d'autre aliment que la nouvelle de fa mort, on s'entretenoit de toutes parts du généreux deffein qu'il avoit formé, de faire fleurir les arts & les fciences au fein de la paix, dont chacune de fes démarches avoit hâté le retour. Toutes les bouches répétoient les touchantes & dernières paroles échappées à fon ame citoyenne : « Qu'il m'eft doux d'avoir vécu avec le peuple ! qu'il » m'eft doux de mourir au milieu de lui » !

Ainfi que le légiflateur de l'Orient, il jugea que fa cendre pourroit être utile à fes projets & compléter fa haute deftinée; comme lui il marqua le lieu de fon tombeau ; il n'avoit vécu que pour la patrie & il voulut être dépofé fous l'autel de la patrie. C'eft-là que tous les ans, à l'époque de fes plus glorieux travaux, divinité de l'immenfe Colyfée où fa cendre repofe, il recueillera les fermens d'un peuple qu'il a rendu libre. Penfez-vous, citoyens, qu'un ferment auffi folennel puiffe jamais être enfreint ? Ici la politique de Mirabeau eft la même que celle de ce général qui voulut que fa dépouille, avertiffant à chaque pas fon armée de fes anciens triomphes, la conduisît ainfi à de nouvelles victoires; Mirabeau a voulu que la fienne, dans tous le temps, nous guidât dans la route de l'indépendance. De tels fuccès cependant ne fuffiront pas à fa gloire. Ses reftes font dépofés au champ de mars ; mais la terre entière leur fert de fépulture. L'immortelle éloquence de Mirabeau eft le levier d'Archimède, qui doit ébranler le monde ; & lorfque la révolution univerfelle qu'il a préparée, aura vengé l'efpèce humaine de tous fes oppreffeurs, fon génie fera encore le fanal qui fans ceffe écartera les nations de la fervitude, ce redoutable écueil où fe brisèrent tant de peuples.

Ce feroit r'ouvrir toutes vos plaies, que de vous décrire les fcenes touchantes dont la capitale a été le théâtre; c'eft d'ailleurs pour calmer vos douleurs & non pour les aigrir, que je vous entretiens en ce moment. Mirabeau vécut affez pour rendre fon pays libre; il nous a laiffé une conftitution, & ce bienfait nous consoleroit prefque de fa perte.

Dans un pays efclave, lorfqu'un homme extraordinaire ofe foulever les fers du peuple & adoucir fes infortunes, il eft un Dieu tutélaire; fa vie eft un bienfait inefpéré, fa mort eft un défaftre irréparable; car deux hommes juftes & tout-puiffans ne fe fuccédèrent jamais. Ce peuple retombe bientôt écrafé fous fes chaînes. La veille on fouloit un fol paifible & fortuné; le lendemain c'eft un terrain orageux & volcanique. Le torrent des déprédations arrêté quelques années, portant dans fes flancs toutes les calamités publiques, renverfe & dévore tout avec une effroyable activité; le glaive du defpote qui a fuccédé, eft fufpendu fur toutes les têtes. Mais dans un pays qui n'eft point régi par le caprice, l'allure des événemens eft ftable; leur marche eft fure, uniforme, indépendante des coups du fort. C'eft uniquement parce que le falut public n'y tient pas à quelques têtes, que les gouvernemens libres ont l'avantage fur les autres.

Et voulez-vous favoir pour combien peu Mirabeau comptoit les individus? Ceux-là même qui avoient rendu les plus grands fervices à l'état?

Écoutez-le dans son adresse aux Bataves : « Posez
» les bornes du pouvoir, si vous ne voulez qu'il
» dégénère en tyrannie, par la pente des hommes
» & des choses ; & si quelque citoyen extraor-
» dinaire vous rend d'importans services, si même
» il vous sauve de l'esclavage, respectez son carac-
» tère, admirez, mais sur-tout craignez ses talens.
» Malheur..... malheur aux peuples reconnoissans ;
» ils cèdent tous leurs droits à qui leur en fait re-
» couvrer un seul ; ils se forgent des fers ; ils cor-
» rompent par leur excessive confiance jusqu'au grand
» homme qu'ils eussent honoré par leur ingratiude ».
Ainsi donc, suivant Mirabeau, l'ingratitude est presque un devoir des peuples libres, envers les grands
hommes tant qu'ils sont vivans. Pensez-vous que
vos larmes stériles soient dignes de celui qui, comp-
tant pour rien les personnes, n'avoit sans cesse devant les yeux que la chose publique ?

Vous dites que vous perdez un défenseur de la
liberté. Malheur à vous s'il vous est encore nécessaire ; malheur à vous si votre constitution n'est
soutenue que par son bras. Il n'y a pas trois mois
que je l'entendois s'écrier : « C'est aux nations li-
» bres à se sauver elles-mêmes, c'est à elles que
» leurs ancêtres ont transmis cette obligation sacrée ;
» c'est pour elles, plus que pour eux, qu'ils ont
» abdiqué la paix & bravé la mort ».

Pardonnez, messieurs, pardonnez à l'admiration
qui recueille autour de l'urne de ce grand homme,
les leçons les plus sublimes, sans songer que c'est
ranimer vos souvenirs & vos regrets les plus amers.
Mirabeau n'est plus, mais le génie de l'indépen-

dance, qui préfide au deftin des françois, faura, n'en doutons point, rendre utile cette calamité publique. Mirabeau en tombant, a donné le fignal de la réunion parmi les patriotes. Toutes les haines de parti s'éteindront peut-être devant les regrets qu'il fait naître, & s'engloutiront dans fon tombeau. Vous le favez, citoyens, ceux-là même qui, lorfqu'il étoit à la tribune, avoient, par une lutte opiniâtre, fait jaillir fon caractère & fon génie ; ceux dont les audacieux complots avoient tant de fois provoqué fa foudroyante éloquence, & par leur défaite, fignalé dès long-temps fon immortalité ; ceux-là même ont ajouté les derniers traits à fon éloge. Lorfque les cris du peuple annoncèrent à la capitale le défaftre qui venoit l'affliger, la capitale entière répondit par des fanglots & des gémiffemens. Plus de rivalités ; plus de haines ; chacun perdoit un ami, un défenfeur, une père ; & tous les partis, s'embraffant pour la première fois, réunis par la douleur & le défefpoir, confondirent fur la même tombe les larmes de l'amitié, de l'admiration & de la reconnoiffance.

Souvent le calme du tombeau a fait des prodiges qui avoient été refufés aux plus favantes manœuvres, à la plus irréfiftible éloquence. Paris a vu ce qui étonna Rome. Mais combien la moralité du peuple moderne eft fupérieure à la molleffe abjecte de ce peuple qui avoit conquis le monde ! Après avoir frappé, les meurtriers de Céfar eurent la lâcheté de fe rappeler fes talens & fa feinte popularité ; ils pleurèrent fur l'affranchiffement de leur patrie. Les ennemis de Mirabeau au contraire à la vue des reftes de ce grand homme, ont eu le courage de se souvenir qu'ils étoient François, qu'ils étoient libres; ils ont béni le sauveur de la patrie, & ils ont mêlé leurs larmes aux larmes des citoyens.

Ainsi, ces deux hommes extraordinaires, également ressemblans par la hardiesse de leur génie, la profondeur de leur politique, la constance de leur caractère ; toujours inébranlables dans leurs systêmes divers, ont remporté chacun leur plus étonnante victoire dans les bras même de la mort. Mais ce que les restes de César firent pour la servitude, les restes de Mirabeau l'ont fait pour la liberté. Déjà les siècles ont déposé leur tribut d'exécration sur la tête coupable du dictateur qui enchaîna sa patrie. Laissons aux générations futures le soin glorieux d'élever des statues à celui qui rendit indépendant l'empire qui l'avoit vu naître. Un jour les peuples l'invoqueront dans leurs calamités ; un jour ils évoqueront ses foudres pour renverser les trônes, briser les sceptres, déchirer les diadêmes des usurpateurs.

Mais je m'arrête, Messieurs ; l'ombre de Mirabeau me reproche trop de momens perdus pour la chose publique. Elle me crie : « Le seul hommage, les seuls
» regrets dont les citoyens puissent honorer la mé-
» moire d'un Tribun du peuple, c'est le redoutable
» serment de vivre libres, malgré les tyrans, mal-
» gré les factieux. Rendez immortelle la Constitu-
» tion Françoise, & le nom de Mirabeau ne périra
» jamais ».

www.ingramcontent.com/pod-product-compliance
Lightning Source LLC
Chambersburg PA
CBHW071416060426
42450CB00009BA/1919